PATRÍCIA RODRIGUES PEREIRA

NOSSAS SENHORINHAS

Direção Editorial:	Pe. Fábio Evaristo R. Silva, C.Ss.R.
Coordenação Editorial:	Ana Lúcia de Castro Leite
Revisão:	Luana Galvão
Diagramação e Capa:	Mauricio Pereira
Ilustrações:	Waldomiro Neto

ISBN 978-85-369-0589-1

2ª impressão

Todos os direitos reservados à **EDITORA SANTUÁRIO** – 2023

Rua Pe. Claro Monteiro, 342 – 12570-045 – Aparecida-SP
Tel.: 12 3104-2000 – Televendas: 0800 - 016 00 04
www.editorasantuario.com.br
vendas@editorasantuario.com.br

Este livro é um presente de

_____

para

_____,

filho(a) amado(a) da Mãezinha do Céu.

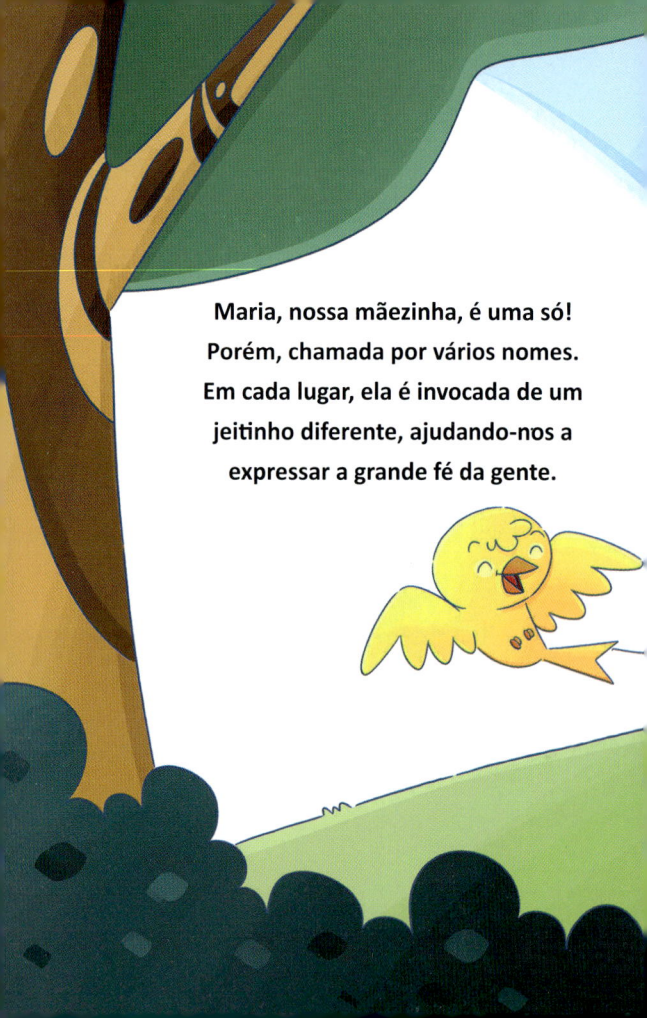

Nossa Senhorinha Aparecida,
a padroeira do Brasil,
apareceu no rio Paraíba.
Ela é a mãe, nossa alegria!

**Nossa Senhorinha das Graças,
enche de bênçãos nossa vida.
Precisamos de tua intercessão!
Mãezinha, cuida de nosso coração!**

**Nossa Senhorinha de Lourdes,
mãezinha da França,
intercede por nós
e renova nossa esperança!**

Nossa Senhorinha do Carmo,
protege-nos com teu escapulário.
Ora por nós todos!
Mãezinha, vem a nosso socorro!

Nossa Senhorinha da Luz,
ilumina-nos como os raios de sol.
Ora por todos nós, teus filhinhos,
sendo luz em nosso caminho.

Nossa Senhorinha da Amazônia,
protege o povo indígena
e também a linda natureza,
criação de Deus, cheia de riqueza.

**Nossa Senhorinha do Perpétuo Socorro,
socorre a todos os que sofrem e
ora sem cansaço, sem medo, sem cessar.
Como o menino Jesus, queremos em teu colo estar.**

Nossa Senhorinha da Divina Providência,
vai resolvendo tudo em nosso favor.
Pede com fé a Deus, paizinho,
aliviar nossa dor.

**Nossa Senhorinha desatadora dos nós,
com perseverança desfaz os laços.
Com tua intercessão, somos livres,
para continuar a dar nossos passos.**

**Nossa Senhora de Nazaré,
intercede por nós e aumenta nossa fé!
Vem em nosso auxílio,
Mãezinha, e livra-nos do perigo!**

Nossa Senhorinha Rainha da Paz,
intercede pelo mundo,
que vive em guerras e causa dor.
És a esperança do povo sofredor!

**Nossa Senhorinha Imaculada Conceição,
a ti nossa devoção.
Cuida de nós com tanto carinho;
teu colo é tudo do que precisamos.**

**Nossa Senhorinha Rosa Mística,
tua bondade é nossa alegria.
Ensina-nos a orar e acreditar
que nossos sonhos podemos realizar.**

**Nossa Senhorinha de Guadalupe,
Virgem Poderosa, por nós intercede.
Pede ao Senhor pelos desabrigados,
abandonados e refugiados!**

**Nossa Senhorinha dos Anjos,
queremos no céu contigo morar;
um lugar lindo, repleto de anjinhos,
e teu carinho nos fazendo sonhar.**

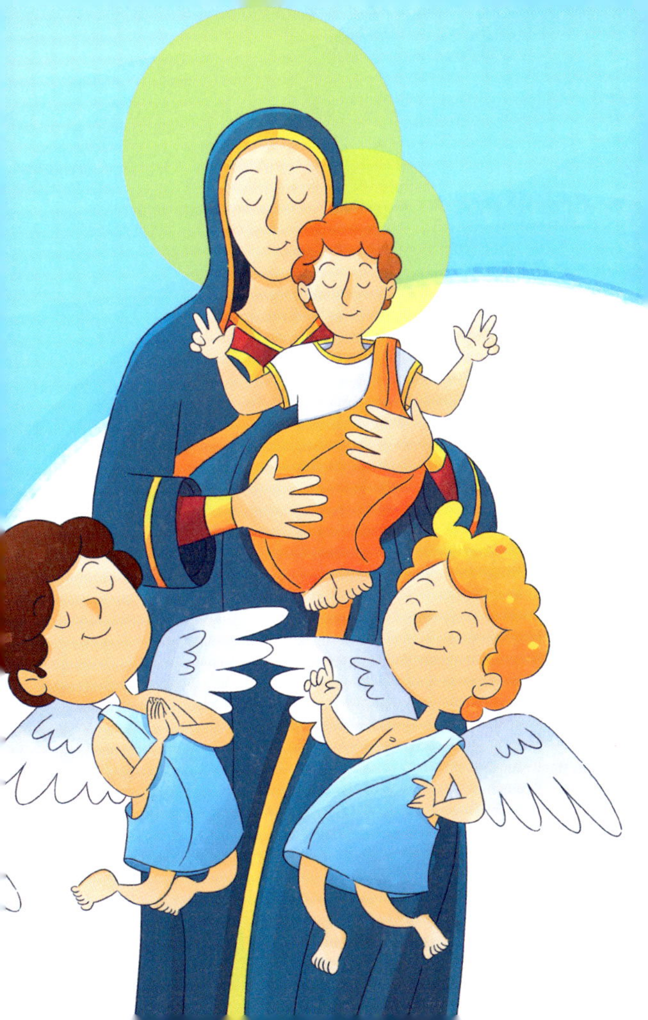

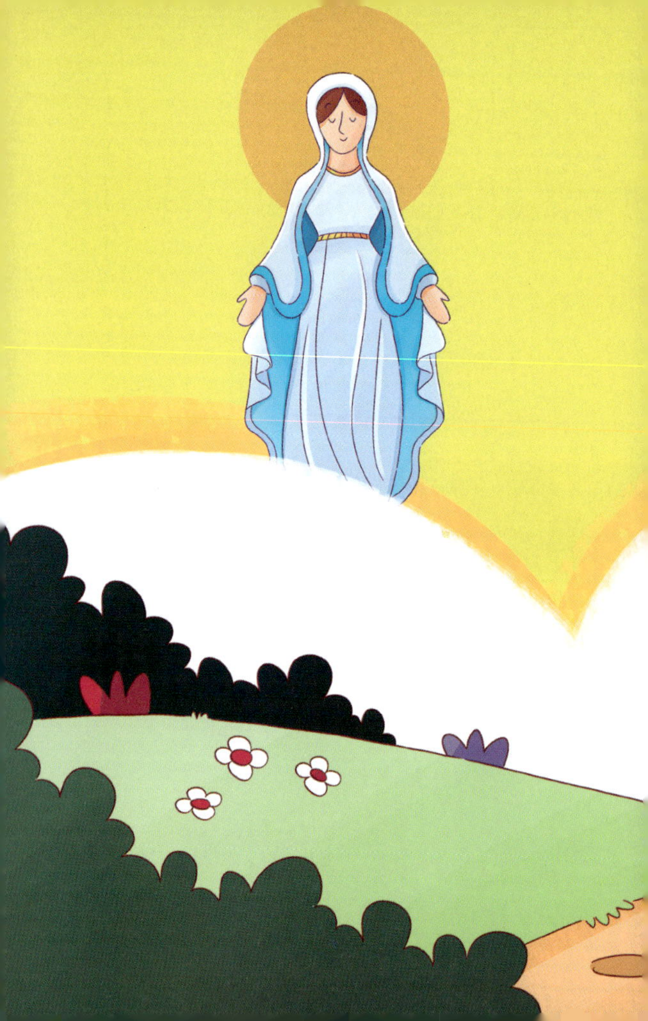

Ave, Maria, cheia de graça,
o Senhor é convosco,
bendita sois vós, entre as mulheres,
e bendito é o fruto do vosso ventre, Jesus.
Santa Maria, mãe de Deus,
rogai por nós, pecadores,
agora e na hora de nossa morte, amém.

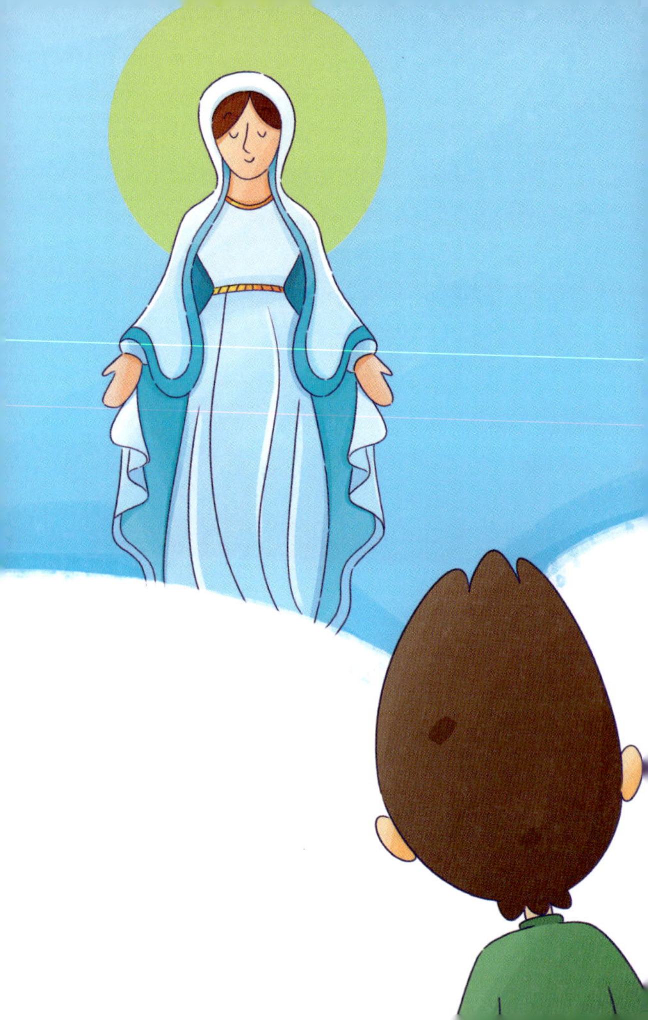

**Rogai por nós, Santa Mãe de Deus,
para que sejamos dignos
das promessas de Cristo.**

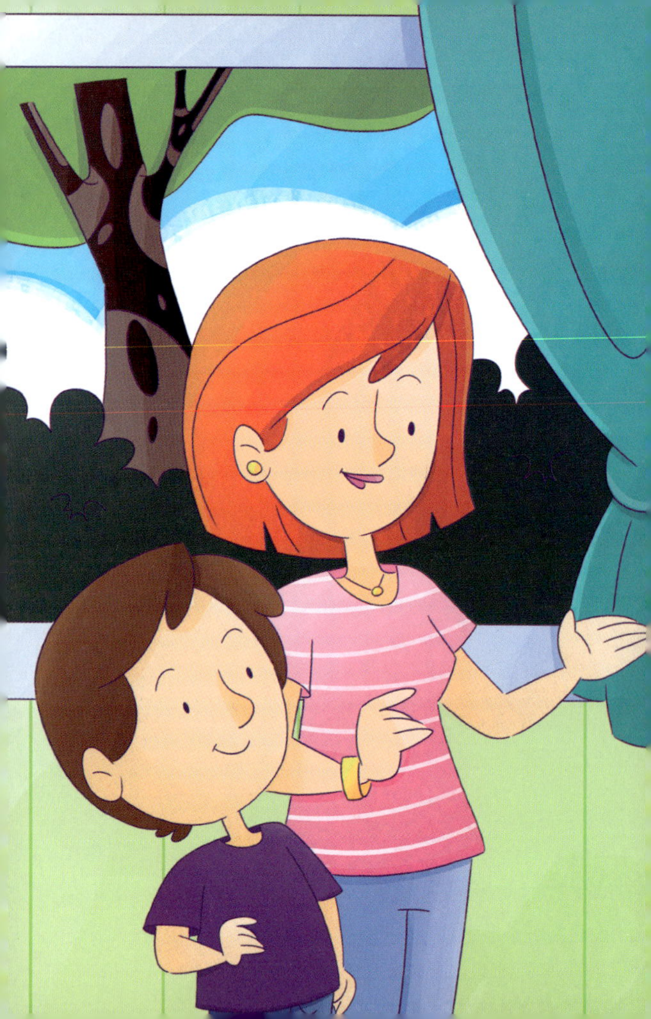

Dedico este livro a minha mãe, que sempre me ensinou a devoção à Virgem Maria.

Desenhe uma Nossa Senhora e demonstre sua devoção.

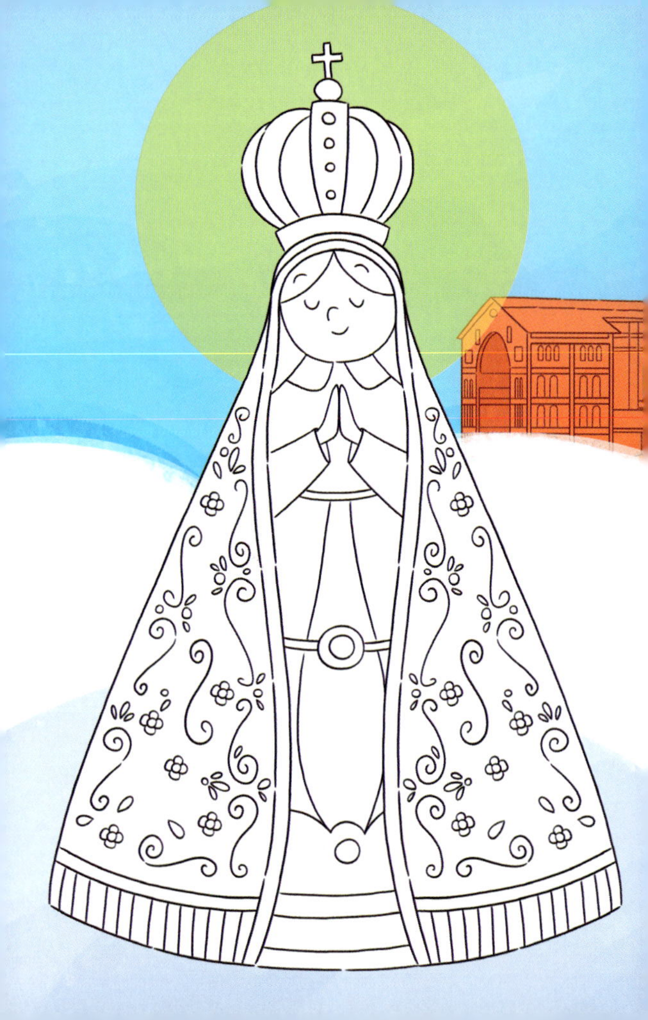

**Agora vamos colorir
a imagem de Nossa Senhora Aparecida!**

Este livro foi composto com as famílias tipográficas Calibri
e impresso em papel Couchê Brilho 115g/m² pela **Gráfica Santuário.**